Maria-Regina
und Michael
Altmeyer

Weihnachtlich verpackt

Schöne und nützliche Ideen

Winterspaß in edlem Silber

Motivgröße
ca. 15 cm

Material
- Alukartonrest mit Sternchenprägung in Silber
- Zeichentransparentpapier, Stärke 115 g/m², A5
- Tonkartonrest in Hellblau, 16 cm x 13 cm
- 9 Silberperlen, ø 8 mm
- 11 Wachsperlen, ø 3 mm
- Silberdraht, ø 0,35 mm, ca. 80 cm lang
- Silbersterne und Schriftmotiv „Gutschein“, selbstklebend

Vorlagenbogen 1B

Gutscheine transparent verhüllt

(Abbildung Seite 1)

Aus dem Transparentpapier die Tüte ausschneiden, das Papier an den gestrichelten Linien falzen und zusammenkleben. Den oberen Tütenrand dekorieren Sie beidseitig mit einer Bordüre aus geprägtem Alukarton. In die seitlichen Bordürenspitzen stanzen Sie je ein Loch und ziehen den Silberdraht hindurch, dabei fädeln Sie abwechselnd Silber- und Wachsperlen auf. Die Drahtenden werden zusätzlich mit silbernen Tannen geschmückt. Die Vorderseite der Tüte verzieren Sie mit einer großen Tanne aus Alukarton sowie mit einigen selbstklebenden Sternen und dem Schriftzug. Aus dem Tonkartonrest falzen Sie eine Klappkarte (mit Gruß und Gutschein) und stecken sie in die Tüte.

Fotos: frechverlag GmbH, 70499 Stuttgart;
Fotostudio Ullrich & Co., Renningen
Michael Altmeyer (Seite 3 und 4)

Dieses Buch enthält:
4 Vorlagenbogen

Auflage: 5. 4. 3. 2.
Jahr: 2007 2006 2005 2004 2003 | Letzte Zahlen maßgebend

frechverlag GmbH, 70499 Stuttgart
ISBN 3-7724-3191-7 · Best.-Nr. 3191
Druck: frechdruck GmbH, 70499 Stuttgart

Die schöne Geste, andere Menschen zu beschenken, ist von jeher eng mit dem Weihnachtsfest verbunden. Erinnern wir uns nur an die Weisen aus dem Morgenland mit ihren wertvollen Gaben. Weniger erfreulich sind heutzutage die Berge von zerrissenem und zerknülltem Geschenkpapier, die sich nach der Bescherung im Wohnzimmer häufen.

Es geht auch anders! Mit selbst gebastelten Verpackungen oder selbst gestaltetem Papier werten Sie Ihre Geschenke auf. Der Beschenkte spürt die liebevolle Sorgfalt, die Sie diesem kleinen Kunstwerk – und damit ihm selbst – gewidmet haben.

In diesem Buch finden Sie eine Fülle von Ideen – und die Ergebnisse sind einfach zu schön zum Wegwerfen. Fast alles lässt sich nicht nur mehrmals, sondern vielseitig verwenden: Geschenkverschlüsse verwandeln sich in Serviettenhalter; Geld-Engel schmücken zukünftig (ohne die „Last" der Euroscheine) einen Weihnachtsbaum; aus kleinen Tüten werden mit Teelichtern originelle Leuchtobjekte; selbst die traditionellen Socken- und Krawattenpräsente bekommen nun endlich eine pfiffige Note.

Wir wünschen Ihnen ein frohes Weihnachtsfest – diesmal ohne überquellende Mülleimer ...

Ihre

Maria-Regina Altmayer

Michael Altmayer

Material-hinweise

Die Materiallisten mit speziellen Angaben für die einzelnen Modelle haben wir den entsprechenden Anleitungen vorangestellt. Nicht extra aufgeführt sind dabei die folgenden Utensilien, die Sie in Ihrem „Handwerkskoffer" haben sollten:

- Transparent- bzw. Architektenpapier (oder Butterbrotpapier), Kopierpapier
- Karton oder starkes Papier
- Mittelgroße spitze Schere
- Nagelschere
- Büttenrandschere
- Cutter
- Schneideunterlage aus Hartgummi (oder kräftiger Karton)
- Lochzange
- Nadeln
- Nähgarn
- Alleskleber
- Heißklebepistole
- Holzleim
- Klebefilm
- Abstandsklebeband
- Lineal (möglichst aus Metall)
- Bleistift HB
- Kreide- oder Farbstift in Weiß
- Wasserfester Filzstift in Schwarz
- Silberstift
- Klarlack
- Pinsel
- Arbeitsunterlage zum Schutz des Tisches
- Nähmaschine

Zusätzliches Werkzeug für die Holzmodelle

- Laub- oder Dekupiersäge
- Schleifpapier
- Handbohrer oder Bohrmaschine

Motive vom Vorlagenbogen übertragen

Die Konturen der Holzmodelle können Sie mit Kopierpapier direkt auf die Sperrholz- oder Tischlerplatte durchpausen.
Um ein Papiermodell vom Vorlagenbogen zu übertragen, sollten Sie jedoch zunächst eine Schablone anfertigen: Legen Sie Transparent- oder Architektenpapier auf den Vorlagenbogen und zeichnen Sie sämtliche Umrisse und Linien des Motivs mit einem spitzen Bleistift nach. Dann kleben Sie die Transparentpapier-Teile auf Karton oder kräftiges Papier und schneiden sie exakt aus. Diese Schablonen platzieren Sie nun auf dem gewünschten Material (Folie, Tonkarton o.Ä., je nach Modell). Umfahren Sie die Umrisse sorgfältig mit einem Bleistift. Bei dunklem Untergrund sollten Sie dafür einen weißen Farb- oder Kreidestift verwenden.
Auf dem Vorlagenbogen finden Sie meist nur je einen Arm und ein Bein. Die Teile für die andere Körperseite müssen Sie spiegelverkehrt fertigen.

Die Variante für eilige Bastler

Sie können auf Schablonen verzichten, indem Sie nach dem Abpausen vom Vorlagenbogen das Transparentpapier wenden und auf das erforderliche Material auflegen. Dann werden die Motivlinien nochmals mit einem Bleistift nachgefahren; der Druck des Stiftes bzw. die vorher aufgezeichneten Bleistiftlinien übertragen sich dabei auf die Unterlage.

Tipps zum Schneiden

Achten Sie darauf, dass Sie den Cutter oder die Schere möglichst wenig absetzen und die Schnitte in einem Zug durchführen; so lassen sich unschöne Kanten und Zacken am besten vermeiden.
Beim Schneiden von Rundungen sollten Sie nicht das Schneidegerät, sondern das Werkmaterial mit der Hand drehen.
Verwenden Sie zum Schneiden gerader Linien ein Metall-Lineal: Richten Sie das Lineal an der betreffenden Linie aus und ziehen Sie den Cutter mit leichtem Druck daran entlang.
Benutzen Sie den Cutter nur mit scharfer Klinge, wechseln Sie stumpfe Klingen rechtzeitig aus. Besonders Wellpappe franst leicht aus, wenn die Klinge nicht scharf genug ist.

Lasurartiger Wischeffekt auf Holz

Die Holzmodelle werden zuerst in einem hellen Beigeton grundiert. Danach tragen Sie einen dunkleren Farbton auf. Die Farbe wird dabei mit Wasser gemischt und lasurartig aufgetragen. So entsteht nach dem Trocknen ein attraktiver Wischeffekt.

Hinweis
Bei den Motivteilen aus Wellpappe wird der Schablonenumriss auf die Rückseite (das heißt die glatte Seite) gezeichnet. Der Verlauf der Wellpappenrippen ist auf dem Vorlagenbogen mit Strichen gekennzeichnet.

Motivgröße
ca. 40 cm

Material
- Wellpappe in Weiß, 50 cm x 70 cm
- Tonkartonreste in Hautfarbe, Schwarz und Weiß
- Alukarton in Silber, A4
- Alukrepp in Silber, A4
- Flowerhair
- Creme Rouge
- Satinband in Weiß, 3 mm breit, 60 cm lang
- Satinband in Silber, 3 mm breit, 160 cm lang

Vorlagenbogen 1A

Engelskostüm für Spirituosen & Säfte

Schneiden Sie die Motivteile aus Wellpappe, Alukarton und Tonkarton aus. Mit der Lochzange stanzen Sie wie auf dem Vorlagenbogen angezeichnet die Zier- und Befestigungslöcher. Dann fixieren Sie die Manschette aus Alukrepp auf der Innenseite des (noch offenen) Wellpappe-Zylinders. Anschließend werden die Bordüren aus Alukarton befestigt. Nun gestalten Sie das Gesicht, indem Sie Nase und Augen samt Pupille aufkleben; die Wangen und die Nase betonen Sie mit Creme Rouge, Mund und Augenbrauen zeichnen Sie mit schwarzem Filzstift. Den Kopf auf den Kragen kleben und auf der Grundform des Zylinders platzieren. Flowerhair dient als Engelshaar; es wird mit einem 20 cm langen Silberband oberhalb der Stirn festgeknotet. Die Arme werden ebenfalls mit Silberband (je 25 cm lang) befestigt. Ergänzen Sie die Verzierung der Ärmel und die Hände. Schreiben Sie Ihren Weihnachtswunsch mit Silberstift auf das weiße Tonpapier, das Sie auf das etwas größere silberne Schild kleben. Mit einem Stück Silberband knoten Sie den Gruß an die Handflächen. Dann kann der Boden an den Klebelaschen der Grundform fixiert und der Zylinder auf der Rückseite mit Klebstoff geschlossen werden. Mit Silberband knoten Sie das Flügelpaar auf dem Rücken fest. Sobald Sie Ihr Geschenk in die Rolle gestellt haben, schließen Sie die „englische" Flaschenhülle mit weißem und silbernem Satinband (je 60 cm lang).

Ein „Wert-voller" Engel

Für die Grundform der Schachtel verwenden Sie den Prägekarton. An den Markierungen werden die Löcher gestanzt und der Karton wird an den gestrichelten Linien gefalzt. Nun schneiden Sie die Details für den Engel zu und lochen sie ebenfalls an den vorgegebenen Stellen. Den Kopf mit der Nase ergänzen. Wangen und Nase betupfen Sie mit Creme Rouge, Augen und Mund zeichnen Sie mit schwarzem Filzstift. Die Haare aus Flowerhair werden mit einer Goldschleife (ca. 15 cm lang) am Loch oberhalb der Stirn befestigt. Nun können Kopf und Goldkragen auf der Schachtelgrundform fixiert werden. Montieren Sie die Ärmel auf den Armen. Beine und Arme werden mit Musterbeutelklammern vorn auf der Schachtel fixiert. Die Flügel knoten Sie auf der Rückseite mit dem restlichen Goldband fest, das zugleich als Aufhängung dient. Zuletzt schließen Sie die Schachtel an der Klebelasche. Oben und unten werden die Laschen nur eingeklappt, so dass die Schachtel problemlos befüllt werden kann.

Motivgröße
ca. 24 cm

Material
- Prägekarton in Weiß,
- Tonkartonrest in Haut
- Alukartonrest in Gold
- Flowerhair
- Creme Rouge
- Goldband, 3 mm breit ca. 60 cm lang
- 4 Musterbeutelklamm

Vorlagenbogen 1A

Frohe Weihnachten

Motivgröße
ca. 24 cm

Material

- Tonkarton in Rot, A4
- Tonkartonreste in Hautfarbe, Schwarz und Weiß
- Alukartonrest in Gold
- Creme Rouge
- Goldkordel, ø 1 mm, ca. 40 cm lang
- 4 Musterbeutelklammern

Vorlagenbogen 1A

Weihnachtsmann mit „fülligem" Bauch

Die Weihnachtsmann-Box fertigen Sie wie die Engel-Schachtel, allerdings verwenden Sie roten Tonkarton anstelle des Prägekartons. Den Pelzbesatz der Stiefel und der Ärmel können Sie doppelt arbeiten, falls Sie Wert auf eine besonders ausgefeilte Rückseite legen. Den Gürtel fixieren Sie auf Vorder- und Rückseite, die Gürtelschnalle nur auf der Vorderseite. Aufgehängt wird der Weihnachtsmann an einer 40 cm langen Goldkordel.

Geschenkverschlüsse mit Weihnachtsflair

Lebkuchenherz oder Goldstern sind schmucke „Krönungen" für einen Geschenkbeutel: Führen Sie die Ecken eines Stoffzuschnitts (mit weihnachtlichem Dekor) oder eines bedruckten Geschirrtuchs zusammen und ziehen Sie den Verschluss darüber. Auch eine in Weihnachtspapier gewickelte Wein-, Likör- oder Saftflasche lässt sich damit dekorieren. Später können die Beschenkten die Modelle als Serviettenhalter verwenden oder damit ihren Weihnachtsbaum schmücken. Und wenn Sie ein Teelicht in die Öffnung des Herzens oder des Sterns stellen, erhalten Sie ein stimmungsvolles Tischlicht.

Motivgröße
ø ca. 8 cm

Material Herz

- Gehobeltes Fichten- oder Kiefernholzbrett, 18 mm stark, 25 cm x 9 cm (für drei Herzen)
- Bastelfarbe in Beige, Braun und Weiß

Vorlagenbogen 4A

Ein Herz für dich ...

Das Herzmotiv wird auf das Holz übertragen und ausgesägt. Prüfen Sie, ob ein Teelicht in die Mitte passt; feilen Sie eventuell leicht nach. Vor dem Bemalen (siehe Seite 5) die Holzoberfläche mit Schleifpapier gut glätten. Zuletzt werden mit einem Stecknadelkopf die Punkte aufgetupft und das Herz mithilfe eines Pinsels wellenförmig umrandet.

Motivgröße
ø ca. 12 cm

Material Stern

- 3D-Colorwellpappe in Goldmetallic, A4 (für drei Sterne)

Vorlagenbogen 1B

Ich schenk dir einen Stern ...

Solo, also ohne den Mantel für das Teelicht, dient der Stern als Geschenkverschluss oder Serviettenring. Später legen Sie den Wellpappestreifen (Vorlagenbogen) um ein Teelicht und kleben ihn ringförmig zusammen. Auf den oberen Rand tragen Sie Klebstoff auf und befestigen darauf den Sternenkranz.

Himmlisches Geschenkpapier

Material
- Packpapier in Dunkelblau
- Tonpapier in Weiß
- Schablonier- oder Mobilefolie
- Bastelfarbe in Hellblau und Weiß
- Schwammrest
- Küchenkrepp

Vorlagenbogen 2B

Mit wasserfestem Filzstift übertragen Sie die Muster vom Vorlagenbogen auf die Schablonier- oder Mobilefolie und schneiden sie aus. Etwas Farbe auf einen alten Teller geben, die Schablone auf das zu bedruckende Papier legen und mit einem Schwämmchen das Muster auftupfen. Halten Sie dabei die Schablone mit einem Finger fest, damit sie nicht verrutscht, und tragen Sie die Farbe auch über den Rand hinaus auf. Am besten säubern Sie die Folie beidseitig mit Küchenkrepp, bevor Sie den nächsten Stern aufbringen, sonst könnten Farbreste auf der Schablone das Papier verschmutzen.

Tipp
Probieren Sie diese Technik auf verschiedenen Untergründen. Mit Stoffmalfarbe lässt sich ein dekorativer Weihnachtsstoff gestalten, z. B. für ein Überraschungssäckchen oder eine Tischdecke.

Sternanhänger

Das Sternmotiv eignet sich auch für einen Geschenkanhänger oder ein Mobile. Aus weißem Tonkarton den Stern zuschneiden, ggf. beschriften und an einem passenden Faden aufhängen.
Für das Kärtchen brauchen Sie ein 20 cm x 10 cm großes Rechteck aus Tonkarton, das zur Hälfte gefaltet und mit einer Büttenrandschere zugeschnitten wird. Zur Verzierung der Vorderseite verwenden Sie einen Rest des bedruckten Packpapiers. In den Kärtchenrand stanzen Sie wie angegeben 16 Löcher, durch die Sie dunkelblaues Satinband hindurchziehen.

Motivgröße
ca. 8 cm bis 10 cm

Material
- Tonkartonrest in Weiß
- Rest des Sternen-Geschenkpapiers (siehe oben)
- Satinband in Dunkelblau, 3 mm breit, ca. 70 cm lang

Vorlagenbogen 2B

Naseweises Rentier

Motivgröße
ca. 18 cm

Material
- Gehobeltes Fichten- oder Kiefernholzbrett, 18 mm stark, 20 cm x 12 cm
- Sperrholzrest, 5 mm stark
- Bastelfarbe in Beige, Braun, Rosa, Weiß und Schwarz
- Filzrest in Grün
- Baumwollstoff mit Weihnachtsmotiven in Rot, 15 cm x 20 cm
- 3 Holzperlen in Rot, ø 6 mm
- Satinband in Grün, 3 mm breit, ca. 40 cm lang

Vorlagenbogen 2B

Das Rentier und die beiden Hufe werden aus dem gehobelten Holzbrett ausgesägt; für die Nase wird der Sperrholzrest verwendet. Glätten Sie das Holz gründlich mit Schleifpapier. Nun geht es ans Bemalen: Kopf und Körper werden beige, die Hufe und das Geweih braun, die Nase rosa. Mit Schwarz und Weiß bringen Sie die Augen, den Lichtfleck auf der Nase und den Mund auf. Wenn die Farben getrocknet sind, fixieren Sie Nase und Hufe mit Holzleim.
Aus dem Weihnachtsstoff nähen Sie das Überraschungssäckchen: Den Stoff rechts auf rechts aufeinander legen und an der Seite und am unteren Rand zusammen nähen. Entlang der oberen Längskante säumen. Anschließend wenden Sie den Beutel und bügeln ihn. Mit einem 20 cm langen Band wird das Säckchen verschlossen.
Als Halsschmuck erhält das Rentier eine Schleife aus dem übrigen Satinband, auf das Sie zuvor die roten Holzperlen und die grünen Filzblätter fädeln. Beim Umbinden der Halsschleife wird zugleich das Überraschungssäckchen befestigt.

Lustiger Lebkuchenmann

Sägen Sie die Figur aus und glätten Sie das Holz mit Schleifpapier. An den Markierungen bohren Sie je ein Loch durch die „Hände"; hier wird später der Blumendraht durchgesteckt. Nun wird die Holzfigur gemäß Abbildung bemalt.
Teilen Sie den Blumendraht in vier gleich lange Stücke und wickeln Sie jedes um einen Stift, lassen Sie dabei je ein Drahtende ca. 4 cm überstehen. Den Draht abziehen und die Spiralen mit dem glatten Ende von unten durch die Bohrung stecken. Biegen Sie das gerade Drahtstück zu einer Öse. Die Geschenkpäckchen fixieren Sie an den einzelnen Spiralen. Nach der Bescherung können an die Drahtspiralen die kleinen Lebkuchen aus Sperrholz gehängt werden.

Motivgröße
ca. 19 cm

Material
- Gehobeltes Fichten- oder Kiefernholzbrett, 18 mm stark, 21 cm x 1
- Sperrholzrest, 5 mm sta
- Bastelfarbe in Beige, Bra und Weiß
- Blumendraht in Braun, ø 0,65 mm, ca. 120 cm

Vorlagenbogen 2B

Tipp
Der Farbauftrag wird geschützt, wenn Sie die Holzfiguren zusätzlich lackieren.

Rentier-Schlitten – reich bepackt

Aus dem Alukarton das Rentier und den Schlitten ausschneiden und den Schlitten an den gestrichelten Linien falzen. Anschließend kleben Sie das Rentier am Kopf und am Rumpf (nicht an den Beinen und nicht am Geweih, also zwischen den gestrichelten Linien) zusammen. In die Styroporplatte, deren Rand ungleichmäßig gebrochen wird, schneiden Sie mit dem Cutter sechs Schlitze, wobei Sie sich an den Beinen des Rentiers und am Schlitten orientieren müssen: Diese werden nämlich mit den Laschen in die Schlitze gesteckt. Das Silberglöckchen fädeln Sie auf ein 1 m langes Satinband. Suchen Sie die Mitte des Bands und schlingen Sie die Satinbandzügel einmal um den Hals des Rentiers, danach knüpfen Sie dort einen Knoten. Die Bandenden werden zum Schlitten geführt und durch die oberen Kufenenden gefädelt, dabei ein paar Silberperlen aufziehen. Auf den Schlitten legen Sie die gerollten und mit Silberdraht umwickelten Geldscheine. Die Enden des Satinbands winden Sie um das Gefährt und seine kostbare Fracht und binden eine Schleife.

Nach der Bescherung können Sie den Schlitten mit Teelichtern schmücken. Schneiden Sie dazu aus der Wellpappe zwei Streifen von 13,5 cm x 1,8 cm (siehe Vorlagenbogen) und stanzen Sie die Löcher wie angegeben. Den Streifen formen Sie zu einem Ring, ziehen 50 cm Satinband durch die Löcher und verknoten es. Die Bandenden werden mit zwei Silberperlen dekoriert. Dann können Sie die Teelichter einsetzen, auf den Schlitten setzen und anzünden.

Motivgröße
ca. 25 cm

Material
- Alukarton in Silber, A4
- 3D-Colorwellpapperest in Silbermetallic
- Styroporplatte, ca. 2 cm dick, 10 cm x 25 cm
- 14 Silberperlen, ø 8 mm
- Silberglöckchen, ø 1 cm
- Silberdraht, ø 0,35 mm
- Satinband in Weiß, 3 mm breit, 200 cm lang
- 2 Teelichter

Vorlagenbogen 4B

Leuchtende Tüte

Die Grundform der Tüte wird aus Alukarton geschnitten, die gestrichelten Linien werden gefalzt. Die Tannenausschnitte hinterkleben Sie mit dem Transparentpapier. Anschließend die Tüte an den Laschen zusammenkleben. In die Spitze ein Loch stanzen und die Geschenktüte mit Satinband und Fransenkordel verschließen. Auf das Satinband fädeln Sie außerdem einige Silberperlen.

Nach der Bescherung kann die Tüte als Tischlicht dienen. Dazu entfernen Sie die Bänder und stellen ein Teelicht auf den Boden.

Ganz klar:
Nicht unbeaufsichtigt brennen lassen!

Motivgröße
ca. 16 cm

Material
- Alukarton mit Sternchenprägung in Silber, 50 cm x 70 cm
- Zeichentransparentpapier, Stärke 115 g/m², A5
- 8 Silberperlen, ø 8 mm
- Satinband in Weiß, 3 mm breit, 150 cm lang
- Fransenkordel in Silber, 1 cm breit, ca. 75 cm lang

Vorlagenbogen 1B

Originelle Dreieckschachteln

Schachtelgrundform

Schneiden Sie Deckel und Boden je einmal aus Tonkarton aus und falzen Sie den Karton an den gestrichelten Linien. Nun werden Ober- und Unterteil an den Ecken zusammengeklebt und nach dem Trocknen des Klebstoffs ineinander gesteckt. Der Deckel wird wahlweise mit Weihnachtsmann, Engel oder Rentier dekoriert.
Wenn Sie in die Schachtelspitze ein Loch stanzen, um eine Silberkordel durchzuziehen, können Sie die Box aufhängen. Übrigens sehen die drei Figuren auch ohne die Schachteln als „zweidimensionale" Fensterbilder oder als Weihnachtsbaumschmuck (mit gegengleich gearbeiteter Rückseite) hübsch aus. Und noch eine Idee: Mit einer Portion Geduld können 24 Schachteln gebastelt und nummeriert werden – ein toller Adventskalender, der Jahr für Jahr zum Einsatz kommen darf.

Motivgrößen
ca. 12 cm bis 17 cm

Material Engel
- Tonkarton in Weiß, A4
- Tonkartonreste in Hautfarbe und Braun
- Alukartonrest in Silber
- Glimmerfarbe in Brillant-Silber
- Creme Rouge
- Silberkordel, ø 1 mm, ca. 25 cm lang

Material Weihnachtsmann
- Tonkarton in Rot, A4
- Tonkartonreste in Hautfarbe, Schwarz und Weiß
- Glimmerfarbe in Brillant-Silber
- Creme Rouge

Material Elch
- Tonkarton in Rehbraun, A4
- Tonkartonreste in Hellblau und Braun
- Strukturschnee
- Glimmerfarbe in Brillant-Silber
- Creme Rouge
- Bastelfarbe in Weiß
- Silbersterne, selbstklebend

Vorlagenbogen 2A

Vom Himmel hoch ...

Mit Glimmerfarbe werden die weißen Teile umrandet und die Knopfleiste aufgetupft. Nach dem Anordnen und Befestigen der Einzelteile zeichnen Sie Augen und Mund mit schwarzem Filzstift; auf Nase und Wangen bringen Sie Creme Rouge auf.

Von draußen vom Walde ...

Den Deckelrand mit Glimmerfarbe hervorheben. Die Motivteile gemäß Vorlagenbogen ausschneiden, auf dem Deckel platzieren und fixieren. Mit Creme Rouge werden Wangen und Nase betont. Die weißen Teile, mit Ausnahme der Augenbrauen, sowie die Ärmel akzentuieren Sie ebenfalls mit Glimmerfarbe. Die Augen zeichnen Sie mit schwarzem Filzstift.

Tipp
Mit Abstandsklebeband sorgen Sie für den ultimativen Schliff: Beim Rentier können Sie Hufe, Schal und Nase „hervorheben", bei Weihnachtsmann und Engel machen sich Klebekissen unter den Ärmeln gut.

Aus dem hohen Norden...

Zuerst tragen Sie auf den Schal Strukturschnee auf. Dann werden auf Geweih, Hufen und Schal mit Glimmerfarbe silberne Akzente gesetzt. Nun die Motivteile fixieren. Nase und Wangen mit Creme Rouge gestalten, Augen und Mund mit Filzstift zeichnen. Den Schal dekorieren Sie mit zwei Klebesternen und schreiben mit weißer Farbe den Namen des „Adressaten" darauf.

FÜR
TORSTEN

Engelchen für Bengelchen

Motivgröße
ca. 12 cm

Material
- Tonkartonreste in Weinrot und Hautfarbe
- Alukartonrest in Gold
- Wattekugel, ø 20 mm
- Flowerhair
- Bastelfarbe in Hautfarbe, Schwarz und Rot
- Golddraht, ø 0,65 mm
- Goldkordel, ø 1 mm, ca. 30 cm lang
- Ggf. Goldstift

Vorlagenbogen 2B

Engel mit Weihnachtsgruß

Aus Alukarton den Körper ausschneiden und kegelförmig zusammenkleben. Die übrigen Motivteile aus Ton- und Alukarton zuschneiden. Die Wattekugel mit Hautfarbe grundieren, Auge und Nase mit Schwarz und Rot andeuten. Nun durchstechen Sie die Wattekugel mit einer Nadel. Einen ca. 24 cm langen Golddraht biegen Sie mittig. Schieben Sie die Drahtenden von oben durch die Wattekugel, wobei Sie ein wenig Flowerhair unter die (oben entstehende) Drahtöse legen und mit Klebstoff fixieren. Die Drahtenden werden durch den Engelkörper weiter nach unten geführt. Die Füße befestigen Sie an den Drahtenden und die Spitze des kegelförmigen Kleides mit einem Tropfen Klebstoff am Wattekopf. Etwa 1 cm unterhalb des Kopfes stechen Sie seitlich mit einer Nadel zwei Löcher in den Körper. Durch die Löcher schieben Sie einen ca. 5 cm langen Golddraht, die Enden lassen Sie herausschauen. Nun in die Arme ebenfalls Löcher stechen und zu beiden Seiten des Körpers auf den Draht schieben. Rollen Sie die Drahtenden mit einer kleinen Zange mehrmals, damit die Arme eng am Körper anliegen. Zuletzt fixieren Sie auf dem Rücken das Flügelpaar und befestigen mit Draht (2 x 3 cm lang) das Schild an den Händen des Engels. Mit einer Goldkordel hängen Sie den Himmelsboten auf, mit Golddraht umwickeln und befestigen Sie die Geldscheine.

Engel mit Stern von Bethlehem

Orientieren Sie sich an der Anleitung für den Engel mit Weihnachtsgruß. In den Saum des roten Kleides schneiden Sie Fransen. Aufgehängt wird der Engel mit Golddraht (2 x 25 cm lang), den Sie mithilfe eines Bleistifts o. Ä. spiralartig formen. Zwischen den Drähten fixieren Sie den großen Schweifstern. Die Geldscheine werden ebenfalls mit Draht befestigt.

Größerer Engel für große Leute

Diesen Engel basteln Sie wie die kleinen. Lediglich die Drahtaufhängung für Kopf und Beine entfällt. Die Haare werden mit etwas Draht zusammengebunden und mit den Drahtenden im Kopf befestigt. Das Flowerhair fixieren Sie zusätzlich mit Klebstoff. Um die Arme zu befestigen, brauchen Sie ein 7 cm langes Stück Draht, für die beiden Sternanhänger zwei Drähte von je 5 cm Länge. Der Saum erhält mithilfe einer Büttenrandschere den letzten Schliff. Im hohlen Bauch des Engels verbergen Sie ihr Präsent: Stülpen Sie den Engel einfach darüber.

Motivgröße
ca. 15 cm

Material
- Tonkartonreste in W
rot und Hautfarbe
- Alukartonrest in Go
- Wattekugel, ø 35 m
- Flowerhair
- Bastelfarbe in Hautf
be, Schwarz und Ro
- Golddraht, ø 0,65 m

Vorlagenbogen 2B

Frohes Fest

Engel auf Flugreise

Motivgröße
ca. 15 cm

Material
- Tonkarton in Rot, A4
- Tonkartonreste in Blau, Hautfarbe und Braun
- Alukartonrest in Gold
- Creme Rouge
- Goldfaden, ca. 80 cm lang
- Goldsterne, selbstklebend, verschiedene Größen

Vorlagenbogen 2B

Die Einzelteile des Engels schneiden Sie aus Ton- und Alukarton aus. Damit Sie auch die Rückseite schön ausarbeiten können, brauchen Sie die Ärmel viermal, Haare, Hände und Kleid je zweimal. Kleben Sie die Hände zwischen die Enden der Ärmel. Anschließend die Füße zwischen den beiden (aufeinander liegenden) Zuschnitten des Kleides fixieren. Die Arme platzieren. Nun stanzen Sie ein Loch in den oberen Rand des Kleides und ziehen einen ca. 30 cm langen Goldfaden als Aufhängung hindurch. Danach wird der Kopf befestigt und das Gesicht samt Stupsnase gestaltet. Die Wangen mit etwas Creme Rouge betonen, Augen und Mund mit schwarzem Filzstift zeichnen. Die Haare auf Vorder- und Rückseite ergänzen. Das Flügelpaar wird in der Mitte leicht gebogen und am Rücken fixiert. Zusätzlich verteilen Sie auf Flügel und Kleid selbstklebende Goldsterne.
Der Umschlag wird aus rotem Tonkarton hergestellt. Falzen Sie den Karton an den gestrichelten Linien und falten Sie die Seitenteile zur Mitte. Das Unterteil wird nach oben geklappt und festgeklebt. Den restlichen Goldfaden in den Umschlag einlegen und die Fadenenden miteinander verknoten. Verschließen Sie den Umschlag mit einem großen Klebestern, zusätzlich verteilen Sie auf der Verschlussklappe ein paar kleine Sterne. Das Kuvert bestücken Sie mit einem Geld- oder Gutschein und hängen es um den Hals des Engels.

Wichtelreigen im Wald

Schneiden Sie aus Wellpappe das Tannenspalier aus und kleben Sie die beiden Enden zusammen. Anschließend aus Tonkarton die Details für vier Wichtel zuschneiden und zusammenfügen; zwei Männchen erhalten Bärte, die beiden anderen je einen Schal. Als Nase befestigen Sie jeweils eine Holzperle, die Augen zeichnen Sie mit schwarzem Filzstift. Die Wichtel und beliebig viele Sterne aus Alukarton werden mit je einem ca. 6 cm bis 10 cm langen Stück Draht in den Tannen befestigt: Dazu je ein Loch in die Wichtel und die Sterne stechen, den Draht durchstecken und zu einer Öse biegen. Nun wird der Draht oberhalb des Wichtels bzw. der Sterne halbrund gebogen und das Drahtende in die Rillen der Wellpappe gesteckt. Das Geschenk findet Platz im Tannenwald. Mit einer Stumpenkerze anstelle des Geschenkes kann das Modell später als stimmungsvolle Tischlaterne dienen.

Motivgröße
ca. 18 cm

Material
- Wellpappe in Grün, A
- Tonkartonreste in Ha farbe, Weiß und Rot
- Alukartonrest in Gol
- Bastelfarbe in Rot
- 4 Holzperlen in Rot, ø 4 mm
- Golddraht, ø 0,65 m

Vorlagenbogen 3A

Herr Schneemann trägt heute Krawatte

Motivgröße
ca. 30 cm

Material
- Tonkarton in Weiß, 50 cm x 70 cm
- Tonkarton in Hellblau, A4
- Tonkartonrest in Hellbraun
- Seidenpapierrest in Schwarz
- Wellpappereste in Orange und Schwarz
- 2 Wattekugeln, ø 15 mm
- Bastelfarbe in Schwarz
- Bast in Natur und Schwarz
- Organzasäckchen in Weiß
- Strukturschnee
- Krawatte

Vorlagenbogen 3A

Zuerst wird der Körper (Grundform des Weihnachtsmanns) kegelförmig zusammengeklebt, ebenso die hellblaue Hutspitze. Anschließend fixieren Sie die Hutkrempe mit den Klebelaschen im Inneren des Hutes und befestigen den Zylinder auf dem Schneemannkörper. Als Nase kleben Sie einen gerollten und spitz auslaufenden Wellpappestreifen ins Gesicht. Der Mund besteht aus sechs bis sieben Seidenpapierzuschnitten (je ca. 6 cm x 6 cm), die Sie zwischen den Fingern zu Kugeln formen. Schwarz grundierte Wattekugeln (oder zwei Kugelhälften) bilden die Augen. Nun die Arme mit den Händen ergänzen und am Körper platzieren. Auf Hut und Hände braune Flicken verteilen, wobei Sie die Nähte mit schwarzem Filzstift andeuten. Schließlich können Sie Hut, Nase und Arme mit Strukturschnee dekorieren; auch die Lichtflecke und die Augenbrauen bestehen aus Strukturschnee.
Die Krawatte, die Sie verschenken möchten, dient dem Schneemann als Schal. Sie wird mit dem schmalen Ende umgebunden, das andere Krawattenende rollen Sie auf und stecken es in das Organzasäckchen. Zuletzt erhält der Schneemann einen Besen: Ein aufgerollter Wellpappestreifen bildet den Stiel; die Borsten aus ca. 8 cm langen Bastfäden werden mit Naturbast am Stiel angebunden.

Tipp
Stimmen Sie die Farbe des Hutes und der Flicken auf die Farbe und das Dessin der Krawatte ab.

Weihnachtsmann mit (Socken-)Sack

Die Einzelteile des Weihnachtsmanns werden aus Tonkarton ausgeschnitten. Fixieren Sie nacheinander Haare, Gesicht mit allen Details und den weißen Fellbesatz der Mütze auf dem noch plan liegenden Körper. Auf Nase und Wangen verteilen Sie einen Hauch Creme Rouge. Die Bartspitzen drehen Sie mithilfe eines Stiftes etwas nach vorne. Anschließend wird der Karton behutsam über eine Tischkante gezogen, damit der Körper leichter zu einem Kegel gerollt und zusammengeklebt werden kann. In die Kegelspitze stechen Sie ein Loch, ziehen ein ca. 25 cm langes Satinband hindurch und befestigen daran ein Metallglöckchen. Nun die Arme mit Händen und Fellbesätzen ergänzen und am Weihnachtsmann fixieren, dabei den

Motivgröße
ca. 30 cm

Material
- Tonkarton in Rot Weiß, 50 cm x 70
- Tonkartonreste in Hautfarbe, Schwa Hellgrau und Rehbraun
- Creme Rouge
- Bastelfarbe in We
- Golddraht, ø 0,65
- Satinband in Rot, 3 mm breit, ca. 60 cm lang
- Metallglöckchen, ø 24 mm
- 1 Paar Socken

Vorlagenbogen 3A

Klebstoff nur im oberen Armbereich auftragen.
Zuletzt erhält der Weihnachtsmann seinen Geschenksack, bestehend aus dem Sockenpaar. Dazu wird eine Socke mit der zweiten ausgestopft und der Bund nach innen umgestülpt.
Den „Sack“ mit rotem Satinband zubinden. Die Bandenden verzieren Sie mit einigen angeknoteten Lebkuchen aus Tonkarton, den Zuckerguss malen Sie mit Bastelfarbe. In einen Arm ein Loch stechen und den Sack mit Golddraht befestigen.

In festlichem Gold und Rot

Rote Box mit Herzenswärme

Motivgröße
ø ca. 11 cm

Material
- Tonkarton in Rot, A3
- Alukartonrest in Gold
- Zeichentransparentpapier, Stärke 115 g/ m^2 , A4
- Glimmerfarbe in Gold
- Goldband, 3 mm breit, ca. 60 cm lang
- Teelicht

Vorlagenbogen 3B

Die Grundform der Schachtel wird aus rotem Tonkarton ausgeschnitten. Mit dem Cutter trennen Sie akkurat die Kerzenausschnitte heraus (sie können dann für die goldene Box verwendet werden). Falzen Sie den Karton an den gestrichelten Linien. Die vier Verschlusslaschen versehen Sie beidseitig mit goldenen Dreiecken aus Alukarton, die ausgeschnittenen Motive hinterkleben Sie mit Zeichentransparentpapier. Mit Glimmerfarbe die Kerzenkonturen nachfahren, außerdem auf dem Transparentpapier glänzende Akzente setzen. Dann kann die Schachtel zusammengeklebt werden. Zuletzt stanzen Sie in die Spitzen der Verschlusslaschen je ein Loch. Durch die einander gegenüberliegenden Löcher ziehen Sie jeweils ein 30 cm langes Goldband und verschließen damit die Schachtel. Nach dem Entnehmen des Inhalts werden die Laschen zur Seite geklappt und ein Teelicht auf den Boden gestellt. So wird aus der Geschenkschachtel ein stimmungsvolles Tischlicht.

Goldene Box mit Charme

Motivgröße
ø ca. 18 cm

Material
- Alukartonrest in Gold
- Alukrepp in Gold, A4
- Tonkartonrest in Rot
- Glimmerfarbe in Gold
- Satinband in Brombeer, 3 mm breit, ca. 100 cm lang
- Goldband, 3 mm breit, ca. 50 cm lang

Vorlagenbogen 1B

Die Kerzenteile der roten Schachtel lassen sich – falls Sie sie behutsam mit dem Cutter ausgeschnitten haben – für diese goldene Verpackung verwenden. Aus Alukarton schneiden Sie die dreieckige Schachtel aus und falzen sie an den gestrichelten Linien. Nun hinterkleben Sie zunächst den oberen Rand des Alukartons mit Alukrepp, dabei den Krepp leicht raffen. Jetzt kann die Schachtel zusammengeklebt werden. Die Seiten werden mit den Kerzenmotiven und mit Glimmerfarbe verziert, die Dochte ebenfalls mit Glimmerfarbe angedeutet. Mit Gold- und Satinband verschließen Sie die Geschenkbox. Die Schachtel ist ideal, um Parfüm stilvoll zu verschenken.

Bärenweihnacht mit Schwibbogen

Den Bogen und die beiden Tannen aus dem 18 mm starken Holzbrett aussägen. Die Bodenplatte sowie die vier Bärenarme werden aus der dünneren Sperrholzplatte gefertigt. Sämtliche Flächen und Kanten mit Schleifpapier gründlich glätten. Anschließend bemalen Sie die Holzteile gemäß der Abbildung (siehe Seite 5). Die weiß bemalten Flächen sowie die Tannenzweige werden zusätzlich mit Strukturschnee versehen. Sobald die Farbe trocken ist, können Sie die Bären und Tannen von unten mit je einer Holzschraube an der Bodenplatte befestigen und die Kerzenhalter mit den Dornen im Bogen feststecken.
Die Bodenplatte unterfüttern Sie mit weißem Filz. Die Arme werden beidseitig angeklebt. Nun können die Geldscheine gerollt und in die Kerzenhalter gesteckt werden. Die Flammen schneiden Sie aus hellbraunem Tonkarton. Ergänzen Sie beidseitig die Dochte aus dunkelbraunem Tonkarton. Auf die Wachstropfen und die Lichtkränze setzen Sie mit Glimmerfarbe einige glänzende Effekte. Jetzt werden die Kerzenlichter in die Geldscheinrollen gesteckt. Nach der Bescherung ersetzen Sie die wertvollen „Kerzen“ durch echte Wachslichter.

Tipp

Damit das Holz des Lichterbogens beim Zusammenstecken der Teile nicht ausbricht, sollten die Löcher für die Schrauben und die Dornen mit einem kleinen Bohrer vorgebohrt werden.

Motivbreite
ca. 38 cm

Vorlagenbogen 3B

Material

- Gehobeltes Fichten- oder Kiefernholzbrett, 18 mm stark, 39 cm x 18 cm
- Sperrholz, 5 mm stark, ca. 45 cm x 10 cm
- Tonkartonreste in Hell- und Dunkelbraun
- Bastelfarbe in Beige, Braun, Rot, Grün, Weiß und Schwarz
- Glimmerfarbe in Brillant-Gold
- Strukturschnee
- Filz in Weiß, ca. 35 cm x 10 cm
- 3 Kerzenhalter mit Nageldorn, ø 3 cm
- 4 Holzschrauben

CD – nicht nur für Schneemänner

Motivgröße
ø ca. 16 cm

Material Schneemann
- Alukarton in Silber, A3
- Tonkartonreste in Schwarz, Weiß, Hellblau, Orange und Braun
- Zeichentransparent-papier-Rest, Stärke 115 g/m²
- Strukturschnee
- Creme Rouge
- Schleifenband in Blau, 1 cm breit, ca. 60 cm lang

Vorlagenbogen 2A

Die Grundform der CD-Box wird aus Alukarton ausgeschnitten und an den gestrichelten Linien gefalzt. Kleben Sie den Alukarton zu einer Schachtel mit Klappdeckel zusammen. Die Schachtel sowie den runden Ausschnitt umranden Sie mit Strukturschnee, außerdem tupfen Sie die Schneeflocken auf. Nun schneiden Sie aus Tonkarton die Einzelteile des Schneemanns zu. Den Hut mit dem Hutband ergänzen und am Kopf fixieren. Die Wangen werden mit Creme Rouge, Augen und Mund mit schwarzem Filzstift gestaltet. Dann befestigen Sie die Nase und das erste, am Hals anliegende Schalteil und verzieren beides mit Strukturschnee. Fixieren Sie den Schneemann hinter dem runden Deckelausschnitt und hinterkleben Sie den gesamten Deckel mit Zeichentransparentpapier. Anschließend das zweite Schalteil an einem Ende fransig einschneiden. Schal, Pfeife und Ast mit Abstandsklebeband befestigen und mit Strukturschnee dekorieren. Mit Schleifenband wird die Box verschlossen; die Bandenden auf Vorder- und Rückseite der Schachtel festkleben und mit je einem weißen Tonkartonhalbkreis kaschieren.

DVD – denn Nikolaus ist up to date

Die Grundform der DVD-Verpackung aus Tonkarton zuschneiden, falzen und zu einer Klappschachtel zusammenkleben. Auf die herzförmigen Lebkuchen malen Sie mit Bastelfarbe die Zuckergusswellen und -punkte, ebenso auf den „Bilderrahmen", der auch mit Mandeln aus Tonkarton dekoriert wird. Anschließend fixieren Sie den Rahmen am Ausschnitt der DVD-Box, wobei Sie die beiden roten Bänder von 45 cm und 30 cm Länge unterlegen. Den Weihnachtsmann zusammenkleben, Nase und Wangen mit Creme Rouge betonen. Die Augen werden mit schwarzem Filzstift gezeichnet. Kleben Sie den Weihnachtsmann auf der Innenseite des Ausschnitts fest. Zuletzt fixieren Sie die beiden Lebkuchenherzen am Verschlussband.

Motivgröße
ø ca. 20 cm

Material Nikolaus
- Tonkarton in Dunkelblau, A3
- Tonkartonreste in Hautfarbe, Weiß, Braun und Rot
- Creme Rouge
- Bastelfarbe in Weiß
- Schleifenband in Rot, 1 cm breit, ca. 75 cm lang

Vorlagenbogen 4A

4 OSCARS
BESTER FILM
2001

Motivgröße
ca. 30 cm

Material Tanne
- Tonkarton in Mittelgrün und Dunkelgrün, A3
- Tonkartonreste in Braun und Rot
- Alukartonrest in Gold
- Bastelfarbe in Weiß
- Zackenlitze in Rot, 3 mm breit, ca. 130 cm lang
- Strukturschnee

Vorlagenbogen 4A

DVD – romantische Waldweihnacht

Aus dunkelgrünem Tonkarton die DVD-Box ausschneiden und zusammenkleben. Den Deckel schmücken Sie mit einem Tannenbaum. Dazu aus Tonkarton die Grundform, mehrere Zweige (in beiden Grüntönen), Kerzen und Lebkuchen anfertigen. Kleben Sie die Zweige versetzt und übereinander auf die Grundform, die unteren Zweigenden werden dabei nach außen gewölbt. Anschließend die Kerzen mit Abstandsklebeband auf dem Baum verteilen und die Lebkuchen mit je ca. 15 cm langer Zackenlitze festbinden. Das Muster tragen Sie mit weißer Bastelfarbe auf.
Zum Schluss den Baum mit Strukturschnee dekorieren. Mit der restlichen Zackenlitze wird die Schachtel verschlossen.

Verschneites Winterwunderland

Lesespaß im Schnee

Motivgröße
ca. 21 cm

Material
- Wellpappe in Weiß, 50 cm x 70 cm
- Tonkarton in Hellblau, A3
- Aquarellkarton, A4
- Aquarellfarbe in Blau
- Strukturschnee
- Glimmerfarbe in Brillant-Silber
- Silbersterne, selbstklebend

Vorlagenbogen 4B

Arbeiten Sie aus Wellpappe das Innen- und Außenteil der Buchhülle je einmal, das Seitenteil zweifach. Das Außenteil, der spätere Bucheinband, wird zusätzlich verstärkt: Schneiden Sie dazu aus hellblauem Tonkarton zwei Rechtecke von 21 cm x 14 cm und kleben Sie diese auf die glatte Seite der Wellpappe, die Außenkanten schließen dabei bündig ab. Anschließend das Innenteil an den gestrichelten Linien falzen und an den Ecken zusammenkleben. Die auf einer Seite halbrunden Seitenteile verkleben Sie bündig mit der Innenschachtel, die Rundungen zeigen dabei in die gleiche Richtung. Danach wird die Innenschachtel mit dem Boden so in den Einband geklebt, dass an der äußeren Kante ein Rand von ca. 1 cm sichtbar bleibt und die runde Kante nach dem Schließen des Einbands den Buchrücken ausfüllt.
Jetzt kann der Buchdeckel dekoriert werden. Für den hellblauen Untergrund schneiden Sie aus Tonkarton ein 18 cm x 11 cm großes Rechteck zu. Die Bäume und das Schild fertigen Sie aus Aquarellkarton; benetzen Sie die Malfläche mit Wasser und tragen Sie an den Konturen einen Hauch blauer Farbe auf, die sich dann von selbst

FROHE WEIHNACHTEN

ausbreitet und einen Farbverlauf bildet. Das Schild und die Tannen sowie den Rand des Tonkartonrechtecks dekorieren Sie noch mit Strukturschnee, außerdem setzen Sie mit Brillantfarbe ein paar glänzende Akzente. Zum Schluss fixieren Sie den Untergrund auf dem Buchdeckel und befestigen die Bäume und das Schild mit Abstandsklebeband. Silberne Sterne zieren den Winterhimmel. Das Buchgeschenk findet in der Schachtel seinen Platz.

Tipp
Wer nicht mit Aquarellfarben hantieren möchte, kann die Motive aus Tonkarton gestalten.

Mit der Schultüte in die Weihnachtsferien

Als Tütengrundform dient ein aus Alukarton geschnittener Viertelkreis mit einem Radius von 30 cm. Kleben Sie die Spitztüte zusammen. Dann die Öffnung innen mit Klebstoff bestreichen und die silberne Manschette aus Alukrepp befestigen. Nach dem Trocknen raffen Sie den Alukrepp und verschließen die Tüte mit der roten Kordel. Die Spitze ummanteln Sie ebenfalls mit Alukrepp; der Radius dieses Viertelkreises beträgt 9 cm. Übertragen Sie die Konturen der Blätter und des Schneemanns mit Bleistift auf Aquarellkarton. Benetzen Sie die Flächen etappenweise mit Wasser und tragen Sie die Farbe auf. Streichen Sie mit dem Pinsel über das Papier, die Farbe verläuft dabei von selbst. Die Farbintensität lässt sich steuern: Viel Wasser und wenig Farbe hinterlassen helle, zarte Töne; wenig Wasser und mehr Farbe ergeben dunkle, kräftige Töne. Um die weißen Flächen des Schneemanns hervorzuheben, werden nur dessen Konturen mit Wasser eingestrichen und mit einem Hauch schwarzer Farbe nachgezogen. Auf die Motive Strukturschnee auftragen und mit Brillantfarbe einige Glanzpunkte setzen. Zuletzt können der Schneemann und die Blätter auf der Tüte befestigt werden.

Motivgröße
ca. 40 cm

Material
- Alukarton in Rot, 50 cm x 70 cm
- Alukrepp in Silber, 55 cm x 20 cm und 9 cm x 9 cm
- Aquarellkarton, A4
- Aquarellfarbe in Grün, Rot, Orange, Braun, Blau und Schwarz
- Glimmerfarbe in Brillant-Silber
- Strukturschnee
- Kordel in Rot, ø 5 mm, ca. 100 cm lang

Vorlagenbogen 1B